LE
CONSEILLER
DES
ÉLECTEURS

CONCERNANT
LEURS DROITS ET LEURS DEVOIRS

PAR

UN AMI SINCÈRE DU BIEN PUBLIC.

Si de ce noble droit, tu sais bien te servir,
Peuple, tu peux avoir, un meilleur avenir.

GOBELIN.
Citoyen de Darnétal.

DARNÉTAL
IMPRIMERIE DE DÉPLANQUE-DUBOC,
RUE DU PONT 67.

1869

LE
CONSEILLER
DES
ÉLECTEURS.

LE
CONSEILLER
DES
ÉLECTEURS

CONCERNANT
LEURS DROITS ET LEURS DEVOIRS

PAR

UN AMI SINCÈRE DU BIEN PUBLIC.

Si de ce noble droit, tu sais bien te servir,
Peuple, tu peux avoir, un meilleur avenir.

GOBELIN.
Citoyen de Darnétal.

DARNÉTAL
IMPRIMERIE DE DÉPLANQUE-DUBOC
RUE DU PONT 67.

—

1869

LE
CONSEILLER
DES
ÉLECTEURS.

CITOYENS ÉLECTEURS,

La France, devant bientôt vous inviter à vous réunir dans vos *Comices* électoraux, pour préparer vos esprits et vos cœurs dans le but très important de connaître les antécédents et les tendances des *Hommes NOTABLES, par le cœur et les senti-ments,* que l'on vous proposera ou qui se proposeront pour obtenir vos *suffrages* comme *Candidats* au Corps législatif, je crois qu'il est nécessaire de vous donner, à ce sujet, quelques instructions relatives à cet acte si sérieusement important du *Vote*, d'où dépend, généralement, le bien-être ou la misère du peuple, selon l'intelligence plus ou moins éclairée avec laquelle il a été accompli.

★

★ ★

L'un des droits les plus sacrés dont le peuple ait hérité en 1848, est certainement le *Suffrage*

niversel. Il y avait un siècle, que des hommes
profondément éclairés en politique et en science
économique disaient dans leurs *écrits :* « Que la
Justice et l'humanité basée sur la *raison* don-
naient naturellement au peuple le droit de nommer ses *Représentants* . » Ils prophétisaient
ue nous l'aurions un jour . Eh bien ! Ce grand et
oble droit nons l'avons depuis vingt ans; mais, il
e suffit pas d'avoir un *droit,* il faut pour en goûter
s bienfaits l'*étudier,* le *raisonner,* puis ensuite,
exercer convenablement; c'est ce que l'on appelle
s *devoirs attachés à l'exercice du droit;* car il
ut que chacun soit bien convaincu, qu'il n'existe
as de *droits sans devoirs* à remplir pour en pro-
ter justement .

*

* *

Deux grands et principaux avantages d'où décou-
nt d'autres avantages, résultent du vote des élec-
urs, exercé avec l'intelligence raisonnée des
esoins généraux de la nation, et de leurs propres
t justes besoins .

Lé premier de ces deux grands avantages, con-
ste à combler l'abîme des révolutions violentes et
nguinaires. Les Conspirations et les émeutes
'ont plus leur raison d'être avec le *Suffrage uni-
ersel* exercé sagement sous les auspices de la
iberté . Nous lutterons pacifiquement, c'est le
ombat des partis, des opinions, par la discussion
bre et sans aigreur sur les qualités, les caractères
t les convictions des Candidats à la députation .

Vous concevez, Citoyens, le prix de ce premier

avantage que donne le *Suffrage universel;* améliorer les lois et les institutions vicieuses, sans secousse, sans bruit, sans tumulte, avec sagesse et dignité .

Le second avantage, que chaque électeur doit être fier de posséder; consiste, dans le pouvoir de dire après avoir raisonné son vote et formé sa conviction ; « *En déposant mon bulletin dans l'urne* » *électorale, ma volonté dans la balance qui pèse* » *les intérêts de la nation, a une puissance égale* » *à celle du premier magistrat qui la gouverne* » Quel puissant moyen de bien-être progressif si chaque électeur le comprenait bien !

*

* *

Après avoir fait succinctement l'éloge du principe précieux du *Suffrage universel,* il faut que je réponde aux objections, aux prétextes et aux raisons spécieuses que font valoir un trop grand nombre d'électeurs qui s'abstiennent de voter, et qui ne sont pour la plupart, que des sophismes pour justifier; les uns, leur *insouciance,* leur *indolence,* leur *indifférence* et leur *paresse* d'accomplir un si grand devoir .

Les autres, par un système d'opposition raisonnée à leur manière contribuent à retarder le progrès du bien-être au lieu de l'avancer.

Voici les principaux motifs de leur abstention; les uns disent : « A quoi sert de voter puisqu'ils » nomment ceux qui leur plaisent; eh bien, ils ne » changeront pas mon bulletin, par ce que je n'irai » pas le leur porter, je resterai chez moi. » Je n'adts pas cette injuste défiance basée sur de certaines irrégularités, qui ont eu lieu dans de petites localités, par incurie ou mauvaise intention de membres composant le bureau du scrutin. Ces faits isolés, quand ils ont eu lieu, ont été flétris par la publicité et l'opinion publique . Je crois que les élections se font, généralement, avec loyauté, et sincérité .

D'autres disent : « Je n'irai pas voter parce que « l'on ouvre les bulletins pour voir pour qui l'on « vote afin de punir sourdement ceux dont l'opi « nion est contraire à celle des membres, compo « sant le bureau, qui reçoivent les bulletins . »

Ces faits peu fréquents, n'ont pu avoir lieu, que par inattention . J'ai vu des bulletins, être en les présentant, involontairement déployés . Les craintes que ces faits inspirent sont exagérées et l'on ne peut raisonnablement, s'appuyer sur un tel motif pour s'abstenir de voter . D'ailleurs, il y a des moyens bien simple de tromper les yeux et de donner le change à ceux qui seraient tentés de connaître le nom que porte le bulletin que l'on dépose.

★
★ ★

Quoiqu'il soit toujours très honorable d'avoir le *courage de son opinion,* car c'est aussi un *devoir* et le premier de tous . Cependant il est des positions, qui imposent de la prudence, ainsi dans la grande question des élections. ne discutez pas avec vos patrons ou vos supérieurs, si leur appréciation sur les Candidats n'est pas semblable à la vôtre, éludez plutôt la question sagement en changeant de con

versation; et lorsque viendra le grand jour votez comme votre conscience vous l'ordonnera c'est-à-dire,
par le consentement seul, de votre volonté raisonnée

★
★ ★

Il y a des électeurs qui, lorsqu'on les encoura-
ge à aller voter, répondent avec indifférence :
» Ah bien, on n'est pas forcé d'y aller je n'irai pas; ce
» n'est pas une voix de plus ou de moins qui empê-
» chera les élections de se faire. »

La loi il est vrai, ne force pas à aller voter; mais,
pauvres gens, votre *devoir*, votre *dignité* d'*homme*
vous invite, vous oblige, dans vos propres intérêts,
d'aller accomplir cet acte sérieux de *Citoyen*. Si
deux ou trois cents électeurs dans certaines localités
disent chacun: « Ce n'est pas ma voix de moins qui
» empêchera de nommer un député; » mais celà
fera autant d'abstentions qui suffiront pour empêcher de donner la majorité à un candidat pour lequel
vous avez même, des sympathies. D'ailleurs, en
droit, une voix suffit pour faire pencher la balance
quand l'élection n'est pas entachée de manœuvres
électorales et d'irrégularités.

Si ces électeurs récalcitrants à remplir leurs *de-*
voirs voyaient des pièces de terre appartenant à
des propriétaires paresseux, insouciants, laissées
en friche ne rapportant rien, et qu'aucune loi ne
peut obliger de défricher, ils diraient avec raison
qu'ils ont tort de ne pas les cultiver pour les faire
produire et augmenter l'alimentation publique. Eh
bien, le jugement qu'ils porteraient sur ces propriétaires négligents et paresseux les condamne eux-

mêmes; car ils sont possesseurs d'un *droit*, qu'ils doivent exercer constamment avec une raison éclairée, sinon c'est nuire à la société qui ne peut progresser véritablement dans le bien-être, que par la solidarité des devoirs accomplis.

Ceux-ci donnent pour raison de leur abstention, l'ignorance qu'ils ont des mérites des Candidats que l'on présente à leurs suffrages. Il est vrai, que la plus grande partie des électeurs ne connaissent pas le nom, le caractère et les mérites des candidats mais, dans ces grandes circonstances, chacun doit, s'occuper sans cesse à prendre des renseignements positifs, en s'adressant particulièrement à ceux qui n'ont pas intérêts à vous tromper; il faut de l'activité et faire les démarches necessaires, assister paisiblement et avec recueillement même, aux réunions électorales; afin, d'acquérir une conviction raisonnée, avant de donner votre suffrage à celui qui doit être votre *Représentant*.

Combien d'électeurs ayant un procès de peu d'importance par suite d'altercation avec un voisin, ou pour défendre ses intérêts froissés, feraient des démarches à droite et à gauche, pour se procurer des témoins, demander des avis, des conseils, et s'enquérir d'un avocat pour defendre sa cause; il ne prendrait pas de repos, il ne dormirait pas du souci de son affaire, il ne pourrait prendre aucun plaisir jusqu'à ce qu'il en connût le résultat; et pourtant il ne s'agirait que d'une dépense minime, et pour s'occuper serieusement à connaître le caractère et les mérites d'un candidat qui doit représenter nos intérêts, faire connaître nos besoins, faire des lois pour les satisfaire et préparer à nos enfants le bien-être progressif par des *institutions démocratiques*, des électeurs hésitent à sacrifier quelques heures de repos ou de plaisir pour s'instruire suffisamment sur ce droit sacré de voter et sur ses devoirs pour l'exercer avec intelligence; je ne comprends pas comment l'on peut être coupable à ce point contre soi-même et contre sa dignité.

On entend ceux-là, dire avec un air dégagé » Votera qui voudra, pour Pierre ou pour Paul l'un » ou l'autre m'est égal, celà ne me fait rien, je n'en » serai ni plus riche ni plus pauvre. » Ils pensent à eux avant de penser aux autres.

Ces paroles sont irréfléchies et insensées, on ne peut les appliquer généralement, il faut savoir distinguer les uns des autres, au surplus, si la plupart de ces électeurs souffrent, s'ils exalent de justes plaintes, ils doivent en faire remonter la cause à leur coupable indifférence, d'ailleurs on ne nomme pas des *représentants* pour qu'ils vous enrichissent, on les honore de notre confiance pour qu'ils travaillent avec sollicitude et dévouement à empêcher la misère de nous atteindre, et à augmenter le bien-être matériel et moral du pays, qui nous permettra de nous instruire pour inculquer de plus en plus dans notre esprit et dans celui de nos enfants les principes de la *science économique*, couronnement du vrai progrès humanitaire, vrai critérium du bien-être social *par le travail*.

D'autres, non moins insensés que ceux-là, confient au hasard le choix d'un candidat, quand ils sont plusieurs compétiteurs, en mêlant les bulletins

portant un nom différent, et le premier que saisit leurs doigts est déposé dans l'urne.

Un tel mépris de son droit, se jouer ainsi de ses devoirs, excitent l'indignation chez ceux qui comprennent l'importance d'exercer leur droit avec réflexion et sagesse.

Les électeurs qui votent ainsi sont semblables à un homme qui, prêt à se raser, prendrait sans attention son rasoir ouvert par la lame, au lieu de le prendre par le manche ; il s'exposerait à se blesser. Ainsi de même ces électeurs s'exposeraient à blesser sérieusement leurs intérêts, en exerçant le vote avec inattention.

*
* *

Il y a des électeurs qui ne|veulent pas ou ne peuvent pas aller aux réunions électorales, pour s'éclairer en entendant raisonner le pour et le contre sur les candidats. Eh bien ! étant chez eux, qu'ils réfféchissent en jetant un coup-d'œil rétrospectif sur le passé en examinant le présent, en comparant les avantages, les difficultés, les facilités et les aisances qui en sont résultés, ils pourront fixer leur choix pour l'avenir ; mais il vaut mieux aller dans les réunions s'éclairer au flambeau d'une discussion sage et modérée.

*
* *

Dans le trop grand nombre d'électeurs qui méprisent leur droit, en oubliant leur devoir de voter, on ne voit presque pas de riches, et même de la classe moyenne. Pourquoi cette différence ? La raison en est toute simple : les riches, en général, sont plus instruits que les masses ; ils sont fiers de leurs droits et tiennent à s'en servir pour assurer leurs intérêts et conserver leur titre de citoyen, en exerçant leur droit de voter. Ainsi, cet exemple devrait faire réfléchir les ouvriers, les faire raisonner et les déterminer à comprendre l'importance du vote en déposant dans l'urne leurs volontés basées sur leurs justes intérêts.

Allons, électeurs arriérés par votre insouciance sur vos plus utiles et plus faciles devoirs, secouez votre coupable indolence ; dépouillez votre âme de cette indifférence honteuse qui vous a fait dédaigner dans le passé l'exercice de votre plus noble droit ; mais surtout, avant de voter, instruisez-vous bien, et raisonnez bien ce que vous allez faire.

Ne négligez pas de prendre des informations sérieuses sur les candidats, pour former votre conviction et aller la conscience tranquille par le bon chemin qui conduit à l'urne, afin que vous puissiez dire : « Je suis un homme, je suis un citoyen, je ne » suis pas une *machine à voter*. »

Il y a un certain nombre d'électeurs, hommes dont le caractère est honorable, et pleins de bonnes intentions, qui ne veulent pas participer aux élections, parce que, disent-ils, « les conditions essen- » tielles pour faire les élections avec toute l'indé- » pendance et la liberté nécessaires n'existent pas. »

Ils voudraient que les moyens d'exercer le suffrage universel fussent plus étendus, tels que le
vote au chef-lieu de canton, le bulletin sous enve-
loppe, afin de donner plus d'indépendance aux électeurs et les garantir de la crainte qu'ils éprouvent
en allant voter sous les yeux de ceux dont ils redoutent l'autorité ou la puissance de leur nuire dans
leurs intérêts, surtout dans les petites localités. La
garde de l'urne pendant la nuit, pour empêcher de
naître toute suspicion relative à la substitution des
bulletins ; puis le mandat impératif, afin de mainte-
nir le député fidèle aux promesses contenues dans
sa profession de foi, ou sinon de le rappeler si la
majorité de ses électeurs l'exige.

Tous ces moyens, toutes ces aspirations à donner
plus d'extension aux libertés, d'indépendance aux
électeurs craintifs, et à assurer la sincérité des élections, ont leur mérite certainement, approuvés par
les uns, contestés par les autres ; ce ne doit pas être
un motif pour s'abstenir de voter. Au contraire,
nous devons nous servir des moyens que nous
avons pour acquérir ceux que nous n'avons pas ; et
le temps qui est le grand maître, avec l'instruction
et l'expérience progressive, nous les donnera indu-
bitablement.

*

* *

On peut comparer un électeur instruit, actif, libé-
ral, qui s'abstient de voter, à un voyageur allant
vers un but déterminé, qui, se sentant affaibli, en-
trerait dans une auberge pour se restaurer, et, les
aliments qu'on lui présenterait ne flattant pas son

goût, préfèrerait s'abstenir de manger et se remet-
trait en route jusqu'au terme de son voyage. Le re-
fus d'accepter ce qu'on lui aurait présenté contri-
buerait certainement à l'affaiblir, à l'épuiser davan-
tage, à l'empêcher d'arriver au but de son voyage ;
ce serait les conséquences fâcheuses de son dédain irréfléchi. Eh bien ! de même un électeur qui,
pouvant voter s'abstient systématiquement et prône
partout l'abstention, est doublement coupable, car
il annihile son droit au lieu de s'en servir, nuit à
ses concitoyens au lieu de les aider, et ouvre la
porte à la misère au lieu de contribuer à la fermer.

*

* *

A toutes les époques, dans toutes les conversa-
tions concernant la politique, les affaires commer-
ciales, les difficultés, les entraves au développement
du bien-être par le travail chez les masses, on a
entendu parfois des électeurs de toutes les conditions possédant pourtant un caractère doux et des
mœurs irréprochables, repousser le vote et mécon-
naître les avantages qu'il peut procurer, étant pra-
tiqué chaque fois rationnellement.

A les entendre il n'y a de nécessaire pour couper
le mal dans sa racine qu'un soulèvement insurrec-
tionnel énergique et violent. Ils sont, aujourd'hui
dans l'erreur, l'exaltation de leur raisonnement les
abuse. Ces propos insensés et irréfléchis sont en-
tendus le plus souvent, de la part de ceux qui sont
dans une position précaire et que les privations du
juste nécessaire pour eux et leur famille, aigrissent
parce que la misère est mauvaise conseillère. Il faut

plaindre ces électeurs, ne pas écouter leurs conseils imprudents et leur indiquer *le bon chemin* qui peut les conduire au bien-être en évitant celui qui cache des ronces et des épines. A de certaines époques mémorables, l'insurrection a été justement nécessaire; nos pères voyant leur dignité avilie ont été obligés d'employer les armes meutrières pour revendiquer leurs droits méconnus, en luttant contre les pouvoirs d'alors, et leur ont arraché tour à tour par lambeaux les libertés qu'on leur contestait.

Après leur triomphe, en instituant le *Suffrage universel*, ce dernier et puissant moyen de fonder définitivement la *vraie Démocratie*; ils nous ont légué une tâche bien douce et bien facile à accomplir, sachons donc ne pas y manquer.

Pour nous, à présent, la seule arme dont nous devons nous servir avec soin et constamment pour acquérir ce qui nous manque, c'est le *BULLETIN*.

Le drapeau révolutionnaire que nous devons porter fièrement et dignement; c'est encore le *BULLETIN*; plus de sociétés secrètes, de réunions occultes ni de sourdes conspirations, tout au grand jour, pour un seul but, le bien public; toujours par le *BULLETIN*. Là est le grand moyen pacifique et infailllible.

L'état extrême de maladie peut seul excuser un électeur étant dans sa localité de s'abstenir de voter

Je suis si profondément convaincu que c'est un *grand devoir* de citoyen à accomplir que, si une maladie sérieuse me retenait au lit et qu'un vote quelconque eût lieu à cette même époque, si je possédais encore mes facultés intellectuelles, je me ferais porter près de l'urne pour y déposer mon vote.

Enfin après avoir touché les points les plus importants, je crois, concernant les motifs spécieux des uns, les prétextes sans raisons des autres, l'indifférence et l'insouciance de ceux-ci, l'opiniatreté systématique et raisonnée de ceux-la, pour justifier leur obstention de participer à l'exercice du *Suffrage universel*, droit le plus précieux, le plus utile qu'un peuple puisse avoir. Je vais pour me résumer, vous rappeler avec sincérité ce que tout électeur doit faire et ce qu'il ne doit pas faire pour participer en Citoyen *digne de ce nom*, aux élections de son pays.

D'abord, tout homme agé de vingt-un ans, doit aller à l'époque annoncée par la publication, se faire inscrire à la Mairie, sur les listes électorales, et ne pas manquer tous les ans à la même époque, d'aller voir si son nom est inscrit. Ceux qui ont des enfants agés de vingt-un ans doivent les faire inscrire. Ceux qui ont des parents, des amis, des voisins, des camarades dont le nom ne figurerait pas sur les listes, soit par leur négligence ou par impossibilité, peuvent les faire inscrire. Tout électeur qui n'a pas six mois de domicile, au 31 Mars, ne peut pas voter dans la localité qu'il habite ; mais, s'il tient à voter il peut aller dans la localité qu'il habitait précédemment. Ce premier devoir étant accompli, il n'y aurait pas tant d'électeurs, qui, n'étant pas inscrits ne reçoivent pas leurs cartes et ne peuvent exercer leur plus beau droit de Citoyen.

Les électeurs qui, par un motifs quelconque n'iraient pas remplir, ce premier devoir, dans les jours indiqués dans la loi, ils pourraient aller requérir leurs inscriptions, depuis le 4 Février jusqu'au 15 Mars, et pourraient être|inscrits, si la Commission nommée pour celà, et présidée par M, le Juge de Paix, le juge à propos. . . ,

*
* *

Lorsque les réunions électorales auront lieu, écoutez sagement et avec une grande attention les discours prononcés sur les titres et les mérites des Candidats, réfléchissez mûrement sur le pour et le contre et sur les différents avantages qui vous seront promis, examinez bien la position, les antécédents et l'intérêt personnel que peuvent avoir les personnes qui discutent les qualités et les défauts des Candidats, et pour former vôtre conviction ferme et éclairée, n'hésitez pas à prendre des informations des conseils, et des avis aux personnes qui vous inspirent de la confiance, faites-vous instruire sur ce sujet plutôt dix fois qu'une, la circonstance l'exige dans l'intérêt général, et particulièrement dans celui de l'ouvrier, dont *l'instruction* est si peu avancée. Lisez, relisez et apprenez par cœur, si vous le pouvez, les petits ouvrages sur les grandes questions électorales.

Pendant le cours des réunions électorales, tout électeur doit y assister dans le but d'éclairer son esprit en écoutant avec un maintien respectueux, les discussions des orateurs relatives aux mérites des candidats; mais, il faut aussi que ceux qui discutent n'oublient pas de se tenir dans les limites de la modération quelles que soient les opinions émises. *Liberté et respect pour tous.* C'est par les discussions modérées que l'on éclaire ses auditeurs et que l'on parvient sûrement à former les convictions, tandis qu'au contraire la violence et les emportements, les attaques irrespectueuses, et parfois calomnieuses contre ses adversaires dégénèrent, le plus souvent en bruit, en tumulte; le temps se passe sans profit et l'on se sépare mécontents, sans avoir acquis de lumière, la raison flottante et la conviction indécise.

*
* *

La liberté est un bien si précieux auquel aspire tout le monde, que tous les candidats, n'importe dans quelles sortes d'élections, se disent tous libéraux, afin d'obtenir les suffrages qu'ils désirent; mais, il faut s'appliquer à les distinguer ; car il y a les libéraux perfides, qui aiment la liberté pour eux et leurs pareils seulement, et qui payent par l'ingratitude et l'oubli, les sacrifices et la confiance de ceux qui, à des époques mémorables, les ont émancipés et élevés, et qui ont toujours mis des entraves aux quelques pas trop lents, qui ont été faits dans le champ du progrès. Puis, il a y aussi, en même temps, sur le même terrain, mais avec des sentiments plus nobles, plus désintéressés et plus humains; les libéraux sincères, qui aiment la liberté pour tous avec ses conséquences heureuses, c'est-à-dire, l'émancipation juste, raisonnable et progressive des travailleurs qu'ils regardent, eux, comme la source des richesses d'une nation civilisée, en les aidant de tous leurs moyens intellectuels et autres moyens en leurs pouvoirs.

C'est entre ces deux types de candidats que chaque électeur doit choisir.

Si le choix est bien fait le triomphe du bien est assuré, et les noms des candidats en seront le prélude.

Apprenez à choisir, et vous verrez.

Surtout ne vous laissez pas séduire par des personnages influents quels qu'ils soient, quelque soit leur opinion et à quelque parti qu'ils appartiennent par des dons et des promesses pour vous faire dévier du chemin que vous croirez devoir suivre d'après votre conviction. Ils vous présentent un *œuf* dans l'intention d'en obtenir plus tard en échange un *bœuf*. Ce sont des moyens honteux dignes de mépris, parce qu'ils se servent de leur influence et de menaces même, pour exploiter la crédulité et l'ignorance des uns, et la misère et la faibless des autres; mais, l'opinion publique sait en faire justice, car elle les exècre et les flétrit.

Défiez-vous des *sourires de circonstance, des poignées de mains inhabituées;* et des semblants d'humanité, de générosité pour se populariser afin de mieux exercer leur influence pour le quart d'heure dont ils ont besoin. Toutes ces apparences de bonnes dispositions et de bienfaits de la plupart de ces gens-là, sont éphémères. Le lendemain, ils vous dédaignent et vous méprisent, en vous traitant entr'eux de manants et d'imbéciles.

* *

Votez en dehors de toute influence, n'écoutez que les inspirations de votre conscience lorsque vous la croirez assez éclairée par les utiles démarches que vous aurez dû faire à ce sujet, pour recueillir les instructions, les renseignements et les avis nécessaires dans cette circonstance solennelle. N'arrêtez votre conviction que lorsque vous aurez bien pesé les raisons données par le pour et le contre ; car vous entendrez partout, dire blanc et noir des mêmes candidats ; d'ailleurs, c'est le droit de chacun, de chercher à faire passer ses sympathies et ses convictions dans le cœur et l'esprit de ceux qui nous écoutent en faveur de ceux que nous aimons le plus, seulement, je le répète, chacun ayant ce droit commun doit bien se garder d'employer la calomnie et la diffamation contre ses adversaires. La simple vérité suffit. Si elle est obscurcie un moment, elle finit toujours par se dégager des ombres qui l'enveloppent ; et, resplendir aux yeux de tous.

Réfléchissez bien, sur ces conseils ; ils sont sincèrement désintéressés et vous n'abaisserez pas votre dignité en servant d'instruments aux *manœuvres électorales*.

*
* *

Lorsqu'on distribuera les bulletins portant un nom de candidat, si l'on vons en offre et qu'il ne vous convienne pas refusez-le ou prenez-le comme il vous plaira; mais, ne le prenez pas, pour ensuite le déchirer ou le jeter et le piétiner dans la boue ou dans la pousière, ou faire, avec, des gestes indécents, ou encore, déchirer des affiches portant le nom de candidats qui nous sont antipathiques; ces manières de dédaigner un candidat sont blamàbles, car il se peut que vous ne le trouviez pas digne de vos suffrages et qu'il n'en soit pas moins un homme de mérite et de talent digne de considération et de respect. Il y a un moyen bien simple et moins inconvenant de lui prouver qu'il n'a pas vos sympathies, c'est en ne votant pas pour lui.

*

* *

Lorsqu'on délivrera les cartes aux électeurs soit à la mairie ou à domicile, si vous ne recevez pas la votre, ne négligez pas d'aller la veille des élections, au plus tard la reclamer ou l'envoyer chercher par quelqu'un, si vous ne pouvez y aller vous-même. S'il y a eu erreur ou omission on la régularisera, et vous pourrez voter.

N'imitez pas ces électeurs indignes de l'être, qui disent: « On ne m a pas apporté ma carte, c'est « que l'on ne veut pas que je vote; eh bien, je « n'irai pas la chercher, et puis d'ailleurs, il y en « aura assez sans moi. »

N'imitez pas non plus, cette autre sorte d'électeurs qui préfèrent ne pas voter , dans la crainte que leurs patrons ou des membres de l'autorité pensent qu'ils n'ont pas voté comme eux, et parce qu'ils redoutent de sourdes vengeances, Les électeurs qui oublient leurs *devoirs* par des raisons aussi puériles ont besoin, d'*instruction* pour enrichir un peu leur pauvre intelligence.

Qu'il est triste de voir des hommes agir ainsi, et oser s'en vanter encore. Sachez donc, pauvres électeurs, indignes d'*avoir ce noble droit*, que ceux de vos patrons, de vos supérieurs ou des autorités, quelles que soient leurs convictions, dont vous craignez le pouvoir qui pourrait vous nuire, dites-vous, sont bien loin de vous féliciter de vos abstentions; car, ils éprouvent pour ceux qui ne votent pas un sentiment de mépris et de dédain, et vous le méritez bien certainement.

*

* *

Il y en a qui votent avec des bulletins blancs ou qui portent des noms dérisoirs ou des épithètes grossières. Gardez-vous de les imiter. On ne doit pas feindre d'accomplir son devoir; il faut l'accomplir réellement avec une conviction raisonnée, et ne pas plaisanter avec des choses sacrées et d'une importance aussi sérieuse.

*

* *

N'attendez pas pour former votre conviction que le grand jour des élections soit arrivé, vous risqueriez de vous tromper. Songez, qu'en déposant votre bulletin, *VOUS ABDIQUEZ VOS DROITS*

POUR SIX ANS.

Lorsque ce beau jour de fête démocratique **nous** éclairera préparez-vous à aller avec recueillement et sans crainte devant l'urne pour y déposer **votre** volonté de *souverain*

Pénétrez-vous bien que la force de votre *droit* est égale à celle du plus puissant de votre pays.

Afin de donner une marque de reconnaissance aux hommes de dévouement qui nous ont donné le suffrage universel, les électeurs devraient venir *en habits de fête* déposer leur bulletin dans l'urne. Ce serait en même temps rendre un hommage respectueux au principe par lequel le bien doit triompher du mal.

Lorsque les résultats des élections seront connus, si vous êtes trompés dans votre attente, quel que soit votre mécontentement, sachez vous incliner devant l'expression de la majorité, malgré votre désappointement, ne désespérez pas de voir, dans une autre circonstance, votre désir se réaliser ; au contraire, persévérez avec constance dans votre foi, redoublez de zèle à vous instruire et à instruire vos semblables sur cette grande et simple question, et si vos aspirations sont puisées à la source de la rai-

son et de la vérité, elles seront satisfaites, certainement, un jour ; mais à la condition essentielle, je
vous le répète, que vous vous instruisiez pour dissi-
per l'ignorance, seul obstacle qui vous cache le
chemin qui vous conduira au juste bien-être.

Pour soutenir votre courage et votre persévérance
dans cette lutte pacifique du *suffrage universel,*
rappelez-vous toujours que la tâche d'une généra-
tion qui s'en va est de préparer les moyens de donner plus de bien-être à celle qui vient. N'avons-
nous pas des enfants, des concitoyens, une Patrie ?
Eh bien ! ces objets doivent nous être chers et nous
inspirer nos *devoirs* envers eux, dans le présent
comme dans l'avenir. Imitons la nature dans son
travail incessant : elle produit lentement, mais sûrement. De même, nous devons sans cesse penser à
trouver les moyens et à les appliquer pour que les
résultats procurent le juste bien-être de tous. *C'est
en forgeant,* dit le proverbe, *qu'on devient forge-
ron ;* c'est en votant qu'on apprend à bien voter,

Pénétrez-vous bien, électeurs, de cette vérité :
Si le peuple est justement fier de ses droits, et qu'il
les exerce avec intelligence et sagesse dans toutes
les occasions solennelles où ses plus chers intérêts
l'appelleront, c'est-à-dire pour nommer ses *représentants.* Eh bien ! de cette volonté exprimée avec
droit. avec dignité et par le *devoir raisonné,* il ne
peut surgir qu'un Corps législatif composé d'hom-

mes *dévoués* aux intérêts de tous et prenant particulièrement les intérêts *des faibles* contre les envahissements incessants *des forts*, dans le domaine du bien-être. Alors, en présence d'un corps de législateurs faisant connaître les justes besoins du peuple et ses modestes aspirations, un Gouvernement, quel que soit sa forme et ses principes, se mettra à son niveau sans tarder, et s'empressera de presenter des projets de lois et des institutions conformes aux aspirations du peuple travailleur, ou alors il oublierait les leçons de l'histoire qui a toujours prouvé que la résistance opiniâtre à lutter contre l'opinion publique est la roche Tarpéienne des pouvoirs.

*
* *

Je ne puis assez vous le répéter, électeurs, pour vous engager à remplir *vos devoirs si faciles,* pour exercer *vos droits si utiles ;* car, sans les conditions essentielles que je vous ai énumérées, il n'y a aucun espoir de bien-être à espérer ; mais vous aurez, au contraire, à répéter chaque jour cette phrase du *confiteor : mea maxima culpa*.

PENSEZ-Y BIEN.

*
* *

Je termine en vous assurant que l'élection d'un bon Corps législatif nous donnera, non seulement de bonnes lois et de bonnes institutions ; mais il aura encore l'avantage d'exercer une influence dont les résultats seront bienfaisants. Oui, Sachez-le bien, je vous le répête avec une conviction profonde, un Corps législatif composé *de vrais représentants* des intérêts du peuple, a, en outre du pouvoir intellectuel de faire les lois, la puissance presque surnaturelle de conjurer le génie du mal et d'évoquer le génie du bien.

*

* *

Les fléaux inévitables que la nature produit chaque année d'une manière plus ou moins déplorable, tels que : sécheresse ou humidité extraordinaires, perturbations atmosphériques dont les conséquences sont désastreuses, insectes qui portent leurs ravages dans les produits alimentaires et qui servent tant de prétextes à l'égoïsme et à la spéculation éhontés, n'auront plus de conséquences aussi terribles, assurément, parce que, en un mot, les noms et les voix des amis du peuple imposeront une crainte et une peur utiles aux êtres malfaisants de la société humaine. On a vu déjà à des époques mémorables ces effets salutaires se produire, sans secousse et sans terreur.

*

* *

Ainsi, électeurs, si vous suivez mes conseils, qui sont le fruit de ma vieille expérience, qui n'est pas, certes, celle d'un savant, mais d'un ami clairvoyant et bienveillant acquise par l'étude et les observations des choses sérieuses de la vie en travaillant et à mes moments de loisirs; car je suis un travailleur et le serai toujours. Vous en goûterez les heureuses conséquences non-seulement par la juste satisfaction du bien-être matériel, mais aussi

par la noble et douce satisfaction du sentiment de
votre dignité de citoyen français oubliée par les
uns et négligée par les autres, puis enfin relevée
à son niveau, et vous direz un jour en jetant un
coup d'œil sur le passé : « Il nous l'avait bien dit,
» il avait raison. »

Allons ! n'hesitez pas, instruisez-vous d'avance .
Pour voter aux *grands jours*, avec intelligence .

GOBELIN,
Cɪᴛᴏʏᴇɴ ᴅᴇ Dᴀʀɴᴇᴛᴀʟ. (Seine-Inférieure.)

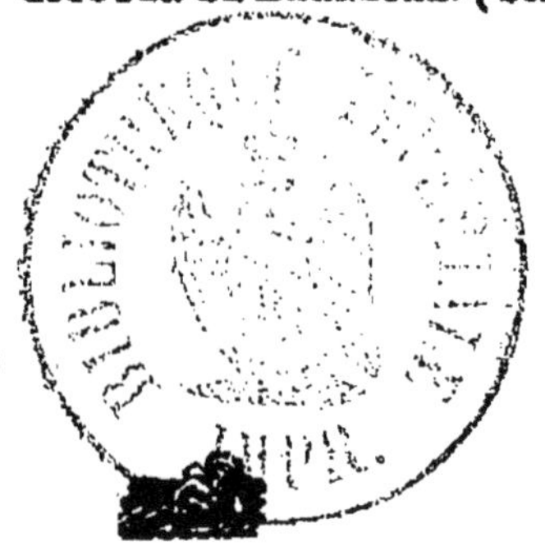